NOUVEAU REPERTOIRE DRAMATIQUE.

CASQUE EN CUIR ET PANTALON GARANCE,

Folie-vaudeville en un acte.

PRIX : 3 SOUS.

Paris,

AU MAGASIN THÉATRAL,
Boulevard Saint-Martin, 12.

1836.

CASQUE EN CUIR

ET

PANTALON GARANCE,

FOLIE-VAUDEVILLE EN UN ACTE,

Par MM. **SAINT-YVES ET VEYRAT**,

Représentée pour la première fois, sur le Théâtre de la Porte-Saint-Antoine, le 22 octobre 1836.

PARIS,
AU MAGASIN THÉATRAL,
Boulevart St-Martin, 12.
—
1836.

Personnages.	Acteurs.
M. LOISEAU, accoucheur.	MM. FERDINAND.
GOUJU, } soldats de la ligne.	{ FOURNIER.
MAHOMET,	BLUM.
Mme LOISEAU.	Mmes LUDOVIC.
ANNETTE, cuisinière.	BLIGNY.

La scène se passe, à Paris, au faubourg Saint-Marceau.

Imprimerie de Ve Dondey-Dupré, rue St.-Louis, 46.

CASQUE EN CUIR

ET

PANTALON GARANCE,

FOLIE-VAUDEVILLE EN UN ACTE.

∞∞∞∞∞∞∞∞∞∞∞∞∞∞∞∞∞∞∞∞∞∞∞∞∞∞∞∞∞∞

Une salle à manger : porte au fond ; deux portes latérales ; fenêtre à gauche ; du même côté, une sonnette venant de la rue ; un poêle à droite ; buffet, paravent, etc.

SCÈNE I.

LOISEAU, *seul.*

(Au lever du rideau, on entend le carillon de la sonnette ; Loiseau sort de sa chambre, à moitié habillé, et court à la fenêtre.)

UNE VOIX, *en dehors.*

Monsieur Loiseau ! monsieur Loiseau !

LOISEAU.

On y va... Qu'est-ce qu'il y a ?..

LA VOIX.

Dépêchez-vous... dépêchez-vous... v'là Mme Bobinard qui accouche.

LOISEAU.

C'est bien... faites-lui prendre patience, j'y cours sur vos pas. (*En scène.*) Ma femme... madame Loiseau... Annette... arriverez-vous ?..

SCÈNE II.

LOISEAU, Mme LOISEAU, ANNETTE.

(Annette et Mme Loiseau, arrivant chacune par une porte.)

Mme LOISEAU.

Voilà ! voilà !..

ANNETTE.

Monsieur...

LOISEAU.

Mon habit... mon manteau... vite, vite, Mme Bobinard accouche !

ANNETTE.

Eh ! monsieur, à peine si vous venez de rentrer, je n'ai pas eu le temps de brosser tout cela.

(Elle sort.)

LOISEAU.

Vous n'en faites jamais d'autres.

Mme LOISEAU, *l'apaisant.*

Mais, mon ami, ce ne devait être que pour minuit, Mme Bobinard est bien pressée.

LOISEAU.

La belle raison !... un accoucheur doit toujours avoir des bottes cirées et un manteau tout prêt... ses clientes n'ont pas le temps d'attendre...

Mme LOISEAU.

Allons... tenez, voici votre cravate : venez ici, que je vous l'attache.

LOISEAU.

Dépêche-toi... dépêche-toi... (*Se retournant vivement.*) Annette... Annette... (*A sa femme.*) Si j'arrivais trop tard... je suis sur des charbons ardens... Annette...

Mme LOISEAU, *impatientée.*

Mais tenez-vous donc, monsieur... et ne vous faites pas de mauvais sang... ce n'est peut-être encore qu'une fausse alerte, comme on vous en fait tant.

LOISEAU.

Oh ! je connais Mme Bobinard, il suffit que je n'y sois pas... Et d'ailleurs, quand on n'est comme moi qu'un pauvre accoucheur du faubourg Saint-Marceau, on ne doit jamais laisser échapper l'occasion...

AIR *du ballet des Pierrots.*

La Faculté doit être vive

Et ne jamais perdre un instant ;
Aussi je suis sur le qui vive,
Et vais toujours tambour battant...
Car si nous laissions sur la terre
Sans médecin l'homme venir,
Bientôt sans notre ministère
Il se permettrait d'en sortir...
(Ici, Annette rentre, apportant l'habit et le manteau.)
Mais, voyez si cette fille viendra !..

ANNETTE, *derrière Loiseau.*

Me voilà, monsieur... me voilà... ne vous impatientez pas... (*A part.*) Comme si je n'étais pas aussi pressée que lui de le voir s'en aller...

Mme LOISEAU, *tandis que Loiseau achève sa toilette à la hâte.*

Quelle pétulance !.. quelle vivacité ! Ah ça !... n'allez pas me rentrer avec une fluxion de poitrine, ou un rhume de cerveau...

ANNETTE, *à part.*

Je suis bien sûre qu'il ne rentrera pas avec un coup de soleil, car il fait une nuit et un temps de chien... Pauvre Gouju !..

LOISEAU.

Là... maintenant, mon manteau, ma trousse... ma trousse.

ANNETTE, *lui donnant son parapluie.*

Votre parapluie...

Mme LOISEAU.

Eh bien ! vous oubliez votre chapeau... et vous ne m'embrassez pas...

LOISEAU.

Étourdi que je suis !

AIR *du vaudeville des Gascons.*

Je pars ; mais en fidèle époux,
Quoiqu'éloigné de ce que j'aime,

Je brûle d'un amour extrême,
Et mon cœur reste auprès de vous...
Hélas ! quel guignon me poursuit !
Voyez quels cliens sont les nôtres !
Nous déranger ainsi la nuit...
Mme LOISEAU.
Surtout pour les enfans des autres.
ENSEMBLE.
LOISEAU.
Je pars ; mais en fidèle époux,
Quoiqu'éloigné de ce que j'aime,
Je brûle d'un amour extrême,
Et mon cœur reste auprès de vous...
Mme LOISEAU.
Il part ; mais en fidèle époux,
Quoique éloigné de ce qu'il aime,
Il brûle d'un amour extrême.
Qu'un tel aveu me semble doux !..

(Loiseau sort.)

SCÈNE III.
Mme LOISEAU, ANNETTE.
Mme LOISEAU.
Être obligé de sortir par un temps pareil !..
ANNETTE, *à part*.
Et ce pauvre Gouju donc !..
Mme LOISEAU.
Au moins, Annette, vous aurez soin de tout préparer pour son retour.
ANNETTE.
Oui, madame.
Mme LOISEAU.
Vous vous lèverez avant le jour pour lui faire chauffer un bon consommé ; c'est l'ami de l'estomac.
ANNETTE.
Oui, madame. (*A part.*) Elle ne s'en ira pas.

Mme LOISEAU.
Il y a aussi dans le garde-manger une moitié de volaille que vous lui servirez, avec un peu de vin chaud et du sucre.

ANNETTE.
Bien... bien, madame, soyez tranquille; dormez sans crainte. Quand monsieur rentrera, j'irai lui ouvrir... et si vous entendez quelqu'un, n'ayez pas peur, ce ne sera personne.

Mme LOISEAU.
Comment?

ANNETTE, *interdite*.
Ce... ce sera moi... madame.

Mme LOISEAU.
C'est bien ; bonsoir, Annette...

ANNETTE.
Bonsoir, Madame.

SCÈNE XV.
ANNETTE, *seule*.
Voilà monsieur parti... madame couchée ; relisons la lettre de Gouju : (*Elle lit.*) « Chère ame de ma vie, fidèle à l'appel du sentiment, je prends la plume pour te marquer, en réponse à la tienne qui m'a été remise par François Mahomet, notre pays, que je serai de faction sous tes fenêtres, entre minuit et deux heures du matin, heure militaire, en attendant que Loiseau soit déniché, avec lequel je suis ton mari pour la vie,   PACÔME GOUJU.
        voltigeur au 45me.

» P. S. Comme tu sais que parmi les qualités avec quoi que je t'ai séduite, j'ai celui de contrefaire fort agréablement le chat ou autre quadrupède à ton choix, j'imiterai le chant du coq... ce sera le signal du bonheur. »

(Au même instant on entend un cri de cokkoriko.)

J'entends le coq... c'est lui... dépêchons-nous de donner le signal (*Elle prend une lumière et la présente à la fenêtre.*) Quel temps! grand Dieu!..

Air *de l'Homme vert.*

J'avais bien besoin de c't orage,
Quand j'pens' qu'il était sans abri
Et qu'il n'en faut pas davantage
Pour refroidir plus d'un mari !
Lui qui pourtant est plein de flamme,
Jugez comm' ce s'rait malheureux
Pour un' fois qu'il vient voir sa femme,
Si la pluie éteignait ses feux...

Maintenant, préparons-lui sa petite collation... D'abord, la volaille de Monsieur, nous lui laisserons la carcasse, justement il dit toujours qu'il l'aime...

SCÈNE V.
ANNETTE, GOUJU.

GOUJU, *passant sa tête nue à la porte.*

Cokokoriko...

ANNETTE, *lui imposant silence.*

Chut!.. chut!..

GOUJU.

Oh!..

(Il referme la porte vivement et s'enfuit.)

ANNETTE.

Eh bien! où va-t-il comme ça? Viens donc.

GOUJU.

Il n'y a donc pas de bourgeois?..

ANNETTE.

Non, entre.

GOUJU.

C'est qu'auparavant, je voudrais te prémunir... tu vas voir du nouveau... faut pas que ça t'effarouche...

ANNETTE.

Entre tout de même... je ne suis pas peureuse...

GOUJU, *entrant la tête couverte d'un casque en cuir.*
Ne v'là... avec armes et bagages.
ANNETTE.
Oh ! quelle drôle de tête !.. où donc que t'as pêché
?te coiffure-là ?
GOUJU.
C'est une invention des Carthaginois... en cuir
bouilli... mais c'est égal... avec ça, on pourrait encore
faire la conquête de l'Urope...
ANNETTE.
En tout cas, tu ne fais pas la mienne...
GOUJU.
Laisse donc... tu t'y feras... en attendant, je suis
trempé comme une soupe, as-tu un bouillon à me
donner?
ANNETTE.
Au fait... monsieur aura bien assez de la moitié du
sien, je le rallongerai avec de l'eau, ça ne lui figera
pas sur le cœur. Tiens, mets-toi là, dans ce fauteuil.
GOUJU.
Impossible, je vais le submerger.
ANNETTE.
Attends, attends, ôte ta capote, voici la robe de
chambre de monsieur.
GOUJU.
De ton bourgeois... mais c'est donc décidé que je
remplis les fonctions du bourgeois... voilà que je lui
filoute sa robe de chambre et son bouillon, quand je
lui ai déjà subtilisé son nom.
ANNETTE.
Comment ?
GOUJU.
Tu vas voir... où est-ce que vous allez ? qui me crie
tout-à-l'heure ton suisse... pour lors, moi pas bête...
je prends une voix distinguée, une voix d'accoucheur,

et en filant mon nœud, je lui dis adroitement et avec intention... Ce n'est pas moi... ce n'est pas moi... je suis Loiseau... et il a gobé l'haricot.

ANNETTE.

C'est y ingénieux, ces militaires! ils ont des rubriques... mais assieds-toi donc, encore une fois.

GOUJU.

Je le voudrais bien, si je le pourrais, mais mon pantalon est si mouillé et si gelé que je suis comme un verglas... Est-ce que tu n'en as pas un aussi de pantalon?

ANNETTE.

Un pantalon? ah dam! il y a bien celui à pied de monsieur qui est là dans ce cabinet...

GOUJU.

Un pantalon à pied... ça me va, je suis fantassin.

ANNETTE.

Chut!.. prends donc garde, tu vas réveiller Madame.

GOUJU, *entrant dans le cabinet.*

Je la respecte... elle en est digne, ne troublons pas le sommeil de l'innocence...

ANNETTE.

C'est bon, dépêche-toi.   (*A part.*)

Air *de la Famille de l'apothicaire.*

J'ai toujours peur qu'il n'fass' du bruit,
La bourgeois' dont l'cœur est si tendre,
Pour son mari, grâce à la nuit,
Serait capable de le prendre;
Et quoiqu' je n'sois dans la maison
Qu'un' servant', je l'dis sans louange,
Je crois que le pauvre garçon
Ne gagn'rait pas beaucoup au change...

GOUJU, *du cabinet.*

Dis donc, Annette... si tu faisais sécher mon garance.

ANNETTE.

Justement le poêle est encore chaud.

GOUJU, *jetant le pantalon.*

A toi.

ANNETTE, *posant le pantalon sur une chaise.*

Là... ça séchera pendant que tu vas souper auprès e ta petite femme.

GOUJU, *rentrant avec le pantalon à pied de Loiseau.*

Hé! hé! me voilà habillé en accoucheur... c'est étroit comme un fourreau de baïonnette.

ANNETTE.

Est-il gentil comme ça!..

GOUJU.

Pas vrai que j'ai l'air comme il faut, dans mon tricot?

ANNETTE.

Oh! c'est qu'on jurerait un vrai bourgeois.

GOUJU.

Oh!.. laisse donc... laisse donc, tu vas me donner de l'amour-propre... et fais-y attention, les militaires, c'est si exposé...

AIR *de Plantade.*

Le sexe est fou du soldat de la ligne,
Du dieu d'amour il a le trait vainqueur;
De posséder ses ail's il en est digne,
Tant c' papillon est léger voltigeur.
 Par l'élégance,
 De mon garance,
 J'sais éblouir
 Et m'fair' chérir.
 D'vant un' conquête
 J'm'échauff' la tête
 A fair' bouillir
 Mon casque en cuir.
 Par l'entraîn'ment
 Du sentiment

Je pâme
Cell' que j'enflamme ;
Et l'on m'appelle en ce moment,
Le grand turc du régiment.
Les fantassins sont comme une prairie
Tout émaillée de trent'-six couleurs ;
Et quand au pas défil' ma compagnie,
On croirait voir marcher le quai-zaux Fleurs.
Dans la folie,
Dans l'ambroisie
Et dans l'amour
Passant le jour,
Les cuisinières
De nous sont fières ;
Not'bataillon
Nag' dans l'bouillon.
Par l'entrain'ment, etc.

ANNETTE.

Qu'est-ce que ça signifie... je voudrais bien voir que tu me fasses des traits... grand fat !

GOUJU.

Allons, ne te fâche pas... c'est seulement pour dire des gaudrioles et des mots piquans. Je suis rieur et voilà tout; et si je sais plaire aux femmes, je sais aussi leur-z-y résister...

ANNETTE.

Je l'espère bien, moi qui ai tout quitté pour t'épouser... et qui fais avec toi toutes tes garnisons... ça serait affreux...

GOUJU.

Sois tranquille, va; quand je t'ai épousée, tu n'étais qu'une simple bergère... tu gardais les vaches de ta tante... mais je verrais à mes pieds une reine, une obélisque, une danseuse de l'Opéra... je la repousserais en lui disant : Tu n'es pas digne de mes faveurs.

ANNETTE.

Quel malheur que nous ne puissions pas nous voir ainsi tous les jours.

GOUJU.

A qui le dis-tu?.. tiens, Annette, tu me croiras si tu voudras, mais je te jure, ma parole d'honneur, que plutôt que de continuer de vivre dans une position aussi humiliante, j'aimerais mieux avoir dix mille livres de rente et un beau château.

ANNETTE.

C'te bêtise...

GOUJU.

Ah! c'te bêtise? eh bien! je voudrais les avoir d'abord... et puis après, je trouverais bien des femmes qui s'en arrangeassent.

ANNETTE, *le pinçant.*

Par exemple!

GOUJU.

Mais c'est encore une facétie... je n'en suis pas moins ton Gouju, ton petit Gouju...

ANNETTE.

Oui, faites le calin à présent, mauvais sujet. Il paraît que monsieur a soupé... veut-il prendre encore quelque chose?

GOUJU, *faisant le bourgeois.*

Oui, la belle... si vous avez une goutte à m'offrir.

ANNETTE.

Tiens, le vin du bourgeois... je lui ferai la même opération qu'au bouillon... attendez, je vais vous le faire chauffer, monsieur le maître...

GOUJU.

Non, non, petite mère, c'est inutile, donnez... le vin est un ami que j'aime à réchauffer dans mon sein. (*On entend sonner à la porte de la rue.*) Qu'est-ce que c'est que ça?

ANNETTE.
Encore un enfant qui vient au monde.
GOUJU.
Il prend joliment son temps... c'est bien le cas de dire que les enfans n'ont pas de raison.
(On sonne encore.)
ANNETTE.
Attends, je vais répondre que monsieur est en ville.
(Elle ouvre la fenêtre.)
UNE VOIX, *en dehors.*
Annette, Annette !..
GOUJU, *avec jalousie.*
Qui donc celui-là qui t'appelle ?
ANNETTE.
Peut-être quelqu'un du voisinage.
LA VOIX, *de la rue.*
Annette... ouvrez.
GOUJU.
C'est drôle qu'on t'appelle par ton nom... la nuit...
ANNETTE.
N'es-tu pas jaloux?.. (*A la fenêtre.*) Qu'est-ce que vous voulez ?
LOISEAU, *en dehors.*
Ouvrez, il pleut à verse; je me mouille.
GOUJU.
Dis-y qu'il ouvre son parapluie... ça ne nous regarde pas.
ANNETTE, *à la fenêtre.*
Monsieur est en ville...
LOISEAU, *en dehors.*
Mais, c'est moi... c'est moi...
GOUJU.
Ferme donc ta fenêtre... il te tiendra là toute la nuit...
ANNETTE.

Si vous avez absolument besoin de lui parler, vous trouverez monsieur chez madame Bobinard, rue Mouffetard, n° 19, en face l'épicier à gauche.

LOISEAU, *en dehors.*

Mais, c'est moi... j'ai oublié mon passepartout... c'est moi, Annette.

GOUJU.

Son passepartout... il dit que c'est lui... dis donc, il dit que c'est lui... (*En fausset.*) Qui, vous?..

Mme LOISEAU, *sonnant de sa chambre.*

Annette !..

ANNETTE, *à Gouju.*

Chut !.. veux-tu te taire... Madame... madame...

Mme LOISEAU, *en dehors.*

Allez donc ouvrir, c'est mon mari...

GOUJU.

C'est Loiseau... dans quoi que je vas me mettre?..

ANNETTE.

Je ne sais... Là... là... dans ce cabinet...
(Elle prend à la hâte les hardes de Gouju, en oubliant son pantalon, et les jette dans le cabinet.)

Mme LOISEAU.

Eh bien ! m'entendez-vous?

ANNETTE.

Le portier vient d'ouvrir...

Mme LOISEAU, *de sa chambre.*

Apportez-moi de la lumière.

GOUJU *souffle la chandelle.*

Plus souvent...

ANNETTE.

Madame, je n'en ai plus.

Mme LOISEAU, *en dehors.*

Donnez-moi mon briquet.

GOUJU, *portant la main à son briquet.*

Son briquet... pourquoi faire?

ANNETTE.

Eh non! son briquet phosphorique... Mais v'là monsieur, cache-toi... cache-toi vite!..

(Elle le pousse dans le cabinet; au même instant, la porte s'ouvre, et Loiseau entre.)

SCÈNE VI.

LOISEAU, ANNETTE, Mme LOISEAU, GOUJU.

LOISEAU, *entrant.*

Eh bien! personne pour me recevoir; pas de lumière... mais c'est donc une conspiration?

Mme LOISEAU, *de sa chambre.*

Me voilà... mon ami.

LOISEAU.

Ouf!.. je n'en puis plus...

(Il se débarrasse de son manteau, et le pose sur le pantalon de Gouju.)

Mme LOISEAU, *entrant.*

Mais quelle obscurité! Annette, cette lumière que je vous ai demandée?

ANNETTE.

Vous savez bien, madame, que vous avez le briquet.

Mme LOISEAU, *rentrant chez elle.*

Et vous ne pouviez pas me le dire plus tôt, folle que vous êtes?

LOISEAU.

Elle serait bien fâchée de faire autre chose que des bêtises; tout-à-l'heure ne me criait-elle pas par la fenêtre que j'étais chez Mme Bobinard...

ANNETTE.

Dam! monsieur...

LOISEAU.

Taisez-vous; on dirait que vous le faites tous exprès... Jusqu'à ce stupide portier, qui me laisse une heure à la pluie, en me soutenant que je suis rentré.

GOUJU, *à la porte du cabinet.*

Farceur de portier, va !

LOISEAU.

Donnez-moi ma robe de chambre...

GOUJU, *à part.*

Oh ! la robe de chambre...

LOISEAU, *à gauche.*

Eh bien ! m'entendez-vous ? (*Gouju la quitte et la lui jette à la figure.*) Ouf !.. Il me semble, Annette, que vous pourriez vous y prendre un peu plus poliment.

ANNETTE, *à droite.*

Eh bien ! qu'est-ce que je fais donc, monsieur ?

LOISEAU.

C'est gentil... c'est spirituel!...

Mme LOISEAU, *apportant de la lumière.*

Qu'est-ce donc encore ?

LOISEAU.

Cette impertinente qui me jette ma robe de chambre à la figure.

ANNETTE.

Moi, monsieur ?

LOISEAU.

Oui, faites l'innocente !

GOUJU, *bas à Annette.*

C'est moi.

ANNETTE.

Pardon, pardon... monsieur... c'était pour aller plus vite.

Mme LOISEAU.

Eh bien ! mon ami, Mme Bobinard est-elle enfin accouchée ?

LOISEAU.

Ah ! bien, oui, ce ne sera peut-être pas de huit jours,... c'était encore une fausse alerte. Dans tous les

cas, j'ai dit qu'on vienne m'avertir, si cela devient
nécessaire ; en attendant, allons nous coucher.
(Il emporte, sans s'en apercevoir, le pantalon de
Gouju avec son manteau.)

Air : *Berce, berce, bonne grand'mère.*
Il est tard, oui, la nuit s'avance ;
Et pour nous lever plus dispos,
Au sein de l'ombre et du silence,
Allons nous livrer au repos.

Mme LOISEAU.
Jusqu'à demain ne craignons plus qu'on vienne
A mon amour, cher époux ! te ravir.

LOISEAU.
Non, ma tendresse est égale à la tienne.
On est si bien près de toi... pour dormir.

ENSEMBLE.
Il est tard, oui, la nuit s'avance,
Et pour $\begin{Bmatrix} \text{nous} \\ \text{vous} \end{Bmatrix}$ lever plus dispos,
Au sein de l'ombre et du silence,
Allons $\begin{Bmatrix} \text{nous} \\ \text{vous} \end{Bmatrix}$ livrer au repos.
Allez

(M. et Mme Loiseau sortent.)

SCÈNE VII.
GOUJU, ANNETTE.

GOUJU, *avec son habit et le pantalon à pied.*
Enfin, Loiseau est couché, ce n'est pas malheureux.

ANNETTE.
Ce n'est pas tout ça... il faut t'en aller.

GOUJU.
A cette heure ?

ANNETTE.
Sur-le-champ.

GOUJU.
Mais où veux-tu que j'aille ?

ANNETTE.

Où tu pourras.

GOUJU.

Mais ton portier ?

ANNETTE.

J'ai un passepartout...

GOUJU.

C'est fièrement guignolant...

ANNETTE.

Allons, vite... vite.

GOUJU.

Attends au moins que je cherche mon pantalon... (*Il entre dans le cabinet.*) Annette, qu'en as-tu donc fait ? il n'est pas là...

ANNETTE, *allant le chercher.*

Ces hommes, ça ne sait rien trouver.

GOUJU.

Eh bien ! l'as-tu ?

ANNETTE.

Non...   (Elle rentre.)

GOUJU.

Donne... donne vite.

ANNETTE, *cherchant.*

Je te dis que je ne l'ai pas... où peut-il être passé?.. Oh ! mon Dieu !...

GOUJU.

Quoi donc ?

ANNETTE.

Si monsieur l'avait emporté...

GOUJU.

Loiseau aurait emporté mon pantalon... allons donc!.

ANNETTE.

Il en est capable... c't' homme-là est si hurluberlu.

GOUJU.

Dam ! si tu le crois, va lui demander.

ANNETTE.

C'est bien aisé à dire... mais comment veux-tu que je lui demande un pantalon, moi?

GOUJU.

Ah! voilà... prends-toi-z-y adroitement, vois-tu, faut ruser... faut faire semblant de rien... On entre poliment, et on lui dit : Monsieur, donnez-moi mon pantalon.

ANNETTE.

Par exemple!.. ça serait gentil... (*Ici on entend retentir la sonnette de la rue.*) A l'autre, à présent...

SCÈNE VIII.
GOUJU, ANNETTE, LOISEAU.

LOISEAU, *de sa chambre.*

Annette, Annette?..

ANNETTE.

Monsieur?

LOISEAU.

Voyez... voyez ce que c'est.

ANNETTE.

Oui, monsieur, ne vous dérangez pas.

(*Elle ouvre la fenêtre.*)

UNE VOIX, *dans la rue.*

M. Loiseau, M. Loiseau, chez Mme Bobinard.

LOISEAU.

Qui est-ce qui me demande?..

ANNETTE.

Monsieur, c'est encore Mme Bobinard qui accouche.

GOUJU, *à part.*

Elle ne fait donc que ça, c'te femme?

LOISEAU, *de sa chambre.*

Dites que je m'habille, et demandez si cette fois Mme Bobinard a bien fait toutes ses réflexions.

GOUJU.

Dis-y qu'oui... dis-y qu' oui, qu'il décampe.

ANNETTE.

Monsieur, il paraît que c'est pressé... ils sont venus en fiacre.

GOUJU.

Oh! c'te raison!

ANNETTE.

Veux-tu te cacher!

GOUJU.

Et mon pantalon?

ANNETTE.

Dès qu'il sera parti... Chut! monsieur...

LOISEAU, *enveloppé dans son manteau, qui ne laisse entrevoir que le bas des jambes du pantalon garance.*

(*A sa femme.*) Je n'ai besoin de rien... reste au lit, ma colombe... Je pars... adieu.

Air *du Philtre.*

Ah! quel guignon, ah! quelle gêne!
Hélas! ici comment dormir?
Chez moi, morbleu, j'arrive à peine,
Et sur-le-champ il faut partir.
Les nouveau-nés toujours m'attendent
Lorsque le sommeil me poursuit;
On dirait vraiment qu'ils s'entendent,
Pour voir le jour pendant la nuit.

ENSEMBLE.

ANNETTE.

Ah! quell' frayeur serait la mienne
S'il venait à le découvrir!
Que loin d'ici le ciel l'emmène
Et l'empêche d'y revenir.

GOUJU, *dans son cabinet.*

Quel guignon! je suis à la gêne;

Il devrait s' dépêcher d' partir.
Ah ! que Satan bien loin l'emmène,
Et l'empêche aussi de r'venir.

(Loiseau s'en va.)

SCÈNE IX.
ANNETTE, GOUJU.

GOUJU.

Voilà ce qui s'appelle une nuit atroce... et maintenant j'aimerais mieux faire trois factions de suite que de venir à un rendez-vous d'amour chez ma femme...

ANNETTE, *qui regarde chez Mme Loiseau.*

Il s'agit bien de ça, il faut songer à la retraite, et puisque madame est assoupie, je vais aller chercher ton pantalon...

(Elle entre chez Mme Loiseau.)

GOUJU, *un instant seul.*

Voyez un peu à quoi on est exposé... si Loiseau n'était pas ressorti, avec quoi que je serais rentré à la caserne?... ça fait frémir... aussi, c'est une leçon... quoi qu'il arrive... en société... un homme, et surtout un soldat Français, ne doit pas plus quitter son pantalon que sa chemise. (*A Annette qui rentre.*) Eh bien ?

ANNETTE.

Tiens, le voici...

GOUJU.

Ça?.. mais regarde donc, femme aveugle.

ANNETTE.

Oh ! mon Dieu ! c'est le pantalon du bourgeois.

GOUJU.

Eh bien ! et le mien ?

ANNETTE, *tristement.*

Oh ! mon pauvre Gouju !.. nous sommes perdus.

GOUJU.

Perdus?..

ANNETTE.

Le bourgeois a emporté ton pantalon.

GOUJU.

Hein?.. est-ce que Loiseau vole?

ANNETTE.

Il se sera trompé.

GOUJU.

Mais c'est une boulette ignoble.

Air : *du fleuve de la vie.*

Dieu! quel accident déplorable !
Quand j'allais être fait caporal ;
Je n'puis, après un tour semblable,
Rien obtenir du général.
Comment veux-tu que je m'y frotte,
Lorsqu'aujourd'hui, pour mon tourment,
On ne donn'plus d'avancement
Aux soldats sans culotte.

Que faire... à présent, que faire?

ANNETTE.

Est-ce que je sais?.. pars, v'là tout ce que je veux.

GOUJU.

Mais sois donc raisonnable... veux-tu pas que je me présente à la caserne avec les-z-hardes de ton carabin ?..

ANNETTE.

Dam!

GOUJU.

Crois-tu qu'à la parade le sergent-major prendra ça pour du garance... je ne lui ferai jamais avaler c'te couleur-là...

ANNETTE.

Que veux-tu que je te dise?.. le jour va paraître, madame peut se lever, le bourgeois peut rentrer, et il ne faut pas qu'on te retrouve ici.

GOUJU.

Oh ! c'est abrutissant... Annette, ouvre la fenêtre.

ANNETTE.

Pourquoi faire ?

GOUJU.

A présent, retiens-moi, si tu ne veux pas que je me jette du haut de ton troisième étage.

ANNETTE.

Joli moyen, pour sortir d'embarras !

GOUJU.

Autre chose... tu vas prendre ce pantalon.

ANNETTE.

Après ?

GOUJU.

Connais-tu Mahomet ?

ANNETTE.

Qui est-ce qui ne connaît pas Mahomet... François Mahomet, un pays à nous ?

GOUJU.

Eh bien ! il est de garde au poste de la place Maubert : tu vas y aller, tu t'adresseras au factionnaire ; tu lui diras : Factionnaire, connaissez-vous Mahomet ?.. Il te répondra : Avec beaucoup de plaisir.

ANNETTE.

Bon !..

GOUJU.

On te conduira vers Mahomet... rien n'empêche, parce que, vois-tu, à c't'heure, le sous-lieutenant est occupé à dormir sur son rapport ; le caporal et le tambour sont en train de se livrer à la drogue ; les hommes de garde sont mollement étendus sur les planches du lit de camp, et Mahomet, le brave Mahomet, qui vient d'achever sa faction, se délasse en cirant les bottes du lieutenant.

ANNETTE.

Où veux-tu en venir?

GOUJU.

Attends donc... Pour lors, tu lui diras : Mahomet, Jean Gouju, votre frère d'armes, se trouve momentanément dans une position excessivement disgracieuse ; je l'ai laissé dans un tricot dont vous seul pouvez le tirer...

ANNETTE.

Ah! j'y suis...

GOUJU.

Eh ben! alors, cours-y; tu lui proposeras de changer ce pantalon d'accoucheur contre son garance, et de se bercer dans un doux rêve, en retroussant ses jambes sous sa capote, jusqu'à ce que je puisse me présenter décemment à la caserne, pour en prendre un dans mon sac, et lui reporter le sien.

ANNETTE.

Mais, est-ce qu'il voudra jamais, Mahomet?..

GOUJU.

Lui, Mahomet!.. je lui demanderais son sang, qu'il ne me le donnerait pas; mais son pantalon...

ANNETTE.

Eh bien!.. c'est ça, il commence à faire jour, je vais prendre mon panier, comme si j'allais au marché...

GOUJU.

Air : *Le voilà.*

Allons donc, (*bis*)
Sois leste
Et sois preste;
Allons donc, (*bis*)
Va chercher mon pantalon.
Va vite, ou je perds la tête.
Si l' ciel à l'homm' fit un don
Qui l' distingue de la bête,

C'est un pantalon.
ENSEMBLE.
ANNETTE.
Allons donc, (bis)
J' s'rai leste
Et j' s'rai preste,
Allons donc, (bis)
J' vas chercher ton pantalon...
GOUJU.
Allons donc, (bis)
Sois leste
Et sois preste ;
Allons donc, (bis)
Va chercher mon pantalon.

SCÈNE X.
GOUJU, seul.

Animal d'accoucheur, va ! c'est pourtant grâce à lui que me voilà prisonnier dans sa culotte... Il faut qu'il ait quelque chose de détraqué au fond, cet être-là... car enfin, un homme qui est censé avoir reçu de l'éducation ne s'insinue pas de propos délibéré dans le pantalon de son semblable. Qu'est-ce que je dis là ? je le répudie pour mon semblable ; il n'y a qu'un larron qui a le front de se parer des effets des autres... C'est une platitude, c'est une pitoyable jonglerie !.. et pourtant, je suis sûr qu'il y a des gens à qui ça ne fait pas cet effet-là... Qu'on leur dise : On a chipé le pantalon à Gouju ; ils sont assez bas pour en rire... Les malheureux ! ils n'ont donc jamais lu le code militaire ?.. ils ne savent pas qu'il y va d'être fusillé.. fusillé pour c'toiseau-là !..

Air de Julie.

C'n'est pas pourtant que je tienne à la vie :
Soldat français, je dois avoir du cœur,
J'donn'rais mon sang dix fois pour ma patrie ;

Mais m'voir périr pour un vil accoucheur !
J'aim'rais autant, ici je le proclame,
Etre cocher ou cheval d'Omnibus,
Ou clerc d'huissier... ou bien, je dirai plus,
J'aim'rais autant séduir' sa femme.
Au fait si je... non, j'aime mieux être fusillé.

SCÈNE XL.
GOUJU, puis Mme LOISEAU.
(On entend sonner chez Mme Loiseau.)

GOUJU.
Qu'est-ce que c'est que ça ?

Mme LOISEAU, *de sa chambre.*
Annette... Annette...

GOUJU, *à part.*
Ah ben ! je suis gentil... qu'est-ce que je vas devenir ?

Mme LOISEAU, *de sa chambre.*
Vous n'êtes pas levée, Annette ?..

GOUJU.
C'est ça, appelle, appelle...

Mme LOISEAU, *de sa chambre.*
Annette, venez donc me lacer.

GOUJU, *à part.*
La lacer... tu me lasses bien autrement... grosse coquette !..

Mme LOISEAU.
Annette, voulez-vous que j'aille vous chercher ?

GOUJU.
Me chercher !.. il ne manquerait plus que ça, pour me surprendre dans le tricot de son mari. (*Elle sonne.*) Si je lui répondais, ça la ferait patienter. Ma foi, je me risque. (*En fausset.*) Tout de suite, madame, je passe un jupon. (*Il écoute.*) Elle vient... où me mettre, où me cacher ?.. Ah ! ce paravent... j'aurais dû y penser auparavant, depuis deux heures que je

joue à cache cache... La voici.

Mme LOISEAU, *à la porte*.

Voyez un peu comme on est servi dans cette maison... Il me semble que vous êtes bien longue à passer votre jupon.

GOUJU, *passant sa tête en haut du paravent*.

Oh! la venette... la venette.

Mme LOISEAU, *de la porte*.

Eh bien! personne... j'ai pourtant entendu...

GOUJU, *à part*.

Je suis pincé...

Mme LOISEAU.

Vous moquez-vous de moi ?.. elle ne répondra pas!

GOUJU.

Prends-y garde qu'on te réponde.

Mme LOISEAU, *allant à la chambre d'Annette*.

Rien! oh! c'est par trop fort...

GOUJU.

Est-ce qu'elle va faire une inspection générale... et mon épouse qui ne revient pas...à quoi suis-je exposé, tout seul avec cette femme-là...

(Il se roule dans le paravent.)

Mme LOISEAU, *sortant de chez Annette*.

C'est incompréhensible... j'ai cru entendre... il faut que ce soit un écho...

GOUJU.

Oh!..

Mme LOISEAU.

J'en étais sûre.

SCÈNE XII.

Mme LOISEAU, ANNETTE, GOUJU.

ANNETTE, *stupéfaite*.

Ah! madame!..

Mme LOISEAU.

Ah! c'est vous, mademoiselle... D'où sortez-vous?

ANNETTE.

Madame... je sors de sortir...

Mme LOISEAU.

C'est impardonnable, vous m'avez entendue vous appeler.

ANNETTE.

Moi ?

Mme LOISEAU.

Vous m'avez répondu.

ANNETTE, *à part.*

C'est encore lui... (*Haut.*) Je vais vous dire, madame, c'est que je parlais à quelqu'un...

Mme LOISEAU.

Ah ! oui ; vous étiez sans doute encore à babiller avec le garçon du coiffeur... (*Ici le paravent fait un mouvement.*) C'est un homme qui ne vous épousera pas, et qui vous trompera, je vous en préviens... il a déjà fait deux victimes dans la maison.

(Nouveau mouvement plus prononcé du paravent.)

ANNETTE.

Madame, je suis une honnête fille.

Mme LOISEAU.

Je ne dis pas le contraire ; mais faites-y attention, je m'y connais... Mais qu'est-ce que ce panier ?

ANNETTE, *à part.*

Oh ! mon Dieu, si elle allait vouloir y regarder. *Haut.*) Madame, c'est que je reviens du marché aux

Mme LOISEAU.

Du marché ? à quoi bon aujourd'hui ?

ANNETTE.

Madame, c'est que...

Mme LOISEAU.

Voyons un peu ce que vous apportez.

ANNETTE, *à part.*

Casque. 3

Et le pantalon qui est dedans!

Mme LOISEAU.

Voyons... montrez-moi cela...

ANNETTE.

Je suis perdue.

Mme LOISEAU, *prenant le panier.*

Eh bien ?..

ANNETTE, *à part.*

Je n'ai pas une goutte de sang dans les veines.

Mme LOISEAU, *tirant une salade.*

Ah! de la salade... une barbe de capucin... vous connaissez mon faible...

ANNETTE, *reprend vivement son panier.*

Le reste, c'est pour le pot au feu.

Mme LOISEAU.

Et cela... qui est rouge...

ANNETTE.

C'est... c'est une betterave...

Mme LOISEAU.

C'est bien.. une autre fois ne sortez plus ainsi matin sans me prévenir... j'ai été obligée de me lacer toute seule.

ANNETTE.

Madame a-t-elle besoin de moi?

Mme LOISEAU.

Non... Tandis que je vais achever ma toilette, songez plutôt au déjeuner... qu'il soit prêt au retour de mon mari...

(Elle sort.)

SCÈNE XIII.
ANNETTE, GOUJU.

ANNETTE.

Ah! m'en voici encore une fois quitte pour peur... Mais ce Gouju, où s'est-il fourré?

GOUJU, *du paravent.*

Par ici, par ici.

ANNETTE.

Oh ça, de quel côté?..

GOUJU, *déroulant le paravent.*

Oh! les Loiseau, les Loiseau... je les déteste, je les haïs, je les abomine... Ces gens-là sont nés pour mon malheur... Il me prend des envies de les mettre tous à la porte.

ANNETTE.

Eh bien! quoi donc encore? qu'est-ce qu'ils t'ont fait?

GOUJU.

Ce qu'ils m'ont fait? elle me le demande; mais ce n'est donc rien de m'avoir dévalisé mon pantalon, et de m'avoir empêché de dormir toute la nuit... la vieille carabine qui m'a poursuivi, qui m'a forcé à me replier sur moi-même, et, non contente de ça, qui m'a invectivé... elle m'a traité d'écho... écho toi-même, vieille accoucheuse!..

ANNETTE, *lui mettant la main sur la bouche.*

En v'là assez.

GOUJU.

Non, n'en v'là pas assez... Faites-moi le plaisir de me dire, épouse dénuée de principes, ce que c'est que le merlan en question.

ANNETTE.

Le petit coiffeur?.. Encore des idées de jalousie... imbécille! tu ne vois pas que c'est une frime... pour éloigner les soupçons.

GOUJU.

Tiens, Annette, assez de frimes comme ça... je m'en défie... des frimes en général, et de celle-là en particulier.

ANNETTE.

C'est bon, c'est bon, songeons au plus pressé.

GOUJU.

As-tu le pantalon?..

ANNETTE, *lui montrant le panier.*

Tiens, là-dedans.

GOUJU.

Généreux Mahomet... il s'est donc dépouillé pour moi ? (*Ouvrant le panier.*) La bourgeoise n'y a vu que du feu.

ANNETTE.

C'est qu'il est au fond ; mais je tremblais... d'une fière force.

GOUJU, *débarrassant le panier.*

Et moi donc, derrière mon paravent... (*tirant un paquet de carottes*) c'est égal, tu lui as tiré une fameuse carotte... (*tirant le pantalon*) hein ! si elle avait trouvé c'te légume-là?..

ANNETTE.

Allons vite, car j'ai promis à Mahomet qu'avant un quart-d'heure il aurait son pantalon...

GOUJU.

Le temps de le passer et ça y est... mais, dis donc, Annette, ça va-t-il m'aller ? Mahomet n'est pas si bel homme que moi...

Air *de l'Artiste.*

Peu d'gens ont en partage
Cet ensemble parfait
Et c'est vraiment dommage
D'gâter c'que l'ciel a fait.
Mais dans c't'instant critique
J'dois sans fatuité
Sacrifier mon physique
A la nécessité...

ANNETTE.

Chut ! écoute donc, on monte l'escalier... c'est monsieur... il parle au portier...

GOUJU.
Encore Loiseau?.. qu'est-ce qu'il chante?..
ANNETTE.
Il est furieux.
GOUJU.
C'est l'effet du pantalon.
ANNETTE.
Vite, entre ici.
GOUJU.
Encore... mais Mahomet qui m'attend?
ANNETTE.
Entre, je te dis, ou c'est fait de nous.
(Elle pousse Gouju dans le cabinet.)

SCÈNE XIV.
ANNETTE, LOISEAU, puis Mme LOISEAU, GOUJU, caché.

LOISEAU, *enveloppé dans son manteau, arpentant la scène à grands pas.*
Madame Loiseau!.. où est madame Loiseau?.. Qu'on m'amène madame Loiseau.

Mme LOISEAU, *entrant.*
Eh bien! qu'y a-t-il donc? Que vous est-il arrivé, mon chéri?..

LOISEAU.
Son chéri!..

Mme LOISEAU.
Est-ce une fille ou un garçon?

LOISEAU.
C'est une horreur... approchez et répondez...

ANNETTE, *à part.*
V'là la bombe qui éclate.

LOISEAU, *ouvrant son manteau et se posant.*
Regardez-moi...

GOUJU, *à la porte.*
Oh! mon pantalon...

LOISEAU, *lui montrant le pantalon garance.*
Connaissez-vous cela, madame?..

Mme LOISEAU, *riant.*
Que signifie cette mascarade?

LOISEAU.
C'est moi qui vous le demande, madame?

Mme LOISEAU, *riant.*
Mais, où avez-vous pris ça?

LOISEAU.
Vous savez mieux que moi avec qui j'ai changé.

Mme LOISEAU.
Quoi ! vous avez changé votre pantalon de casimir, pour cette infamie-là... mais avec ça vous avez l'air d'un charlatan.

LOISEAU.
C'était à vous, madame, à ne pas me mettre dans ce cas-là.

Mme LOISEAU.
Etes-vous fou?

LOISEAU.
Non, je suis furieux.

Mme LOISEAU.
Mais, que signifie ce langage hétéroclite?

LOISEAU.
Eh quoi ! madame, c'est après vingt-cinq ans de ménage, et d'une fidélité à toute épreuve, que vous avez osé m'affubler de la sorte?

Mme LOISEAU.
Comment?

LOISEAU.
Et pour qui?.. pour un simple soldat... si c'était un officier, encore?..

ANNETTE, *à part.*
Oh ! c't' idée !...

COUSU, *à part.*

Laisse-le dire, il s'enfonce...

LOISEAU.

Répondez... répondez! ou je ne réponds pas de moi.

Mme LOISEAU.

Mais, en vérité, je ne sais quel démon vous pousse.

LOISEAU.

Oh! je ne le sais que trop, ce qui me pousse, et tout le monde le saura; car, de ce pas, je vais faire ma déclaration au procureur du roi.

ANNETTE et GOUJU.

Oh!...

LOISEAU.

Les tribunaux retentiront du bruit de vos déportemens, madame; et ce pantalon à la main, j'irai dire aux juges par quel tissu d'infamies un homme dont le ministère est grave, et commande le respect, s'est trouvé réduit à se présenter dans une famille recommandable avec un pantalon qui n'était pas le sien... je leur dirai comment, à ma vue, une hilarité générale s'est emparée de tous les membres de la famille Bobinard... excepté du nouveau né, à qui son innocence n'a pas permis de saisir le ridicule de ma position...

Mme LOISEAU.

Mais, de grâce, monsieur, que voulez-vous dire?.. accoucherez-vous?

LOISEAU.

Oh! vous m'entendez bien!.. et la justice appréciera s'il est convenable qu'un homme tel que moi soit exposé, comme cela vient de m'arriver, à être arrêté dans la rue, sous prétexte qu'il est crieur de papiers prohibés, vulgairement appelés canards... et tout cela, parce qu'il a eu le malheur de donner sa main à une intrigante.

M.me LOISEAU.

Une intrigante!..

Air : *Un page aimait la jeune Adèle.*
Quoi ! c'est à moi qu'un pareil mot s'adresse !
Allez, monsieur, c'est une horreur !
Moi, dont on cite en tous lieux la sagesse
Et l'innocence et la candeur,
Savez-vous bien que j' devrais sur mon ame
Vous arracher les yeux, mon cher !..

LOISEAU, *se posant.*

Arrachez-les ; vous le pouvez, madame,
Ça ne saurait m'empêcher d'y voir clair.

M.me LOISEAU.

Vous êtes un monstre !

LOISEAU, *avec ironie.*

Vous ne me comprenez peut-être pas encore, madame?

ANNETTE, *à part.*

Je l'en défie bien.

M.me LOISEAU.

Si fait... monsieur, je commence.

LOISEAU.

Ah ! ce n'est pas malheureux... vous allez donc m'expliquer...

M.me LOISEAU.

C'est-à-dire, monsieur, que, sous des apparences de jalousie, vous cachez fort bien votre jeu ; mais malheureusement, ça ne prend pas avec moi.

LOISEAU.

Qu'entends-je ?

M.me LOISEAU.

Oui, monsieur, traînez-moi devant vos juges... Je leur dirai, à mon tour, à ces magistrats irréprochables : il est des hommes passionnés, des accoucheurs volages... qui, sous prétexte d'aller en ville donner des soins à leurs clientes, s'en vont passer la nuit en bonne fortune, et, après y avoir perdu leur pantalon, viennent le mettre sur le dos de leur femme... Allez, c'est indigne, c'est épouvantable!.. et vous n'êtes qu'un bigame!...

GOUJU.

Bon, bon, v'là que ça chauffe !

LOISEAU.

Je vous fais mon compliment, madame, c'est très-adroit, c'est excessivement ingénieux !

M⁽ᵐᵉ⁾ LOISEAU.

Vous trouvez ?

LOISEAU.

Mais ce n'est pas moi qu'on intimide par des détours semblables... vous me direz quel est cet homme, quel est son nom, le numéro de son régiment et de sa compagnie... je veux le savoir... où est-il ? mais il est peut-être encore ici, le polisson !

(Il va fermer la porte d'entrée à clef.)

GOUJU.

Je vais me cacher sous le lit.

LOISEAU.

Je vais moi-même visiter cet appartement... et si je le trouve, je veux me baigner dans son sang !..

ANNETTE.

Oh ! pauvre Gouju ! il va le saigner...

(On frappe à la porte.)

SCÈNE XV.
Les Mêmes, MAHOMET.

LOISEAU.

Qu'est-ce que c'est que cela?.. (*Il ouvre.*) Un soldat..

ANNETTE, *se tenant à l'écart.*

Ciel !.. Mahomet !

MAHOMET, *en capote, et affublé du pantalon de Loiseau.*

C'est-y pas ici que loge un nommé Loiseau ?

LOISEAU.
Qu'est-ce que vous lui voulez?
Mme LOISEAU.
Nous allons voir...
MAHOMET.
Excusez, c'est pas à vous que j'ai affaire, c'est à la petite madame... chose...
LOISEAU, *à part.*
A ma femme!.. Est-ce que ce serait?.. (*Haut.*) Qu'avez-vous de commun avec elle, soldat de la ligne?..
MAHOMET, *relevant sa capote, et faisant voir le pantalon.*
C'est pour la chose d'un pantalon...
LOISEAU.
C'est le mien... Eh bien! madame.. (*Saisissant Mahomet.*) Ah! misérable!.. et tu oses te présenter devant mes yeux avec mon pantalon!
MAHOMET, *se débattant.*
Qu'est-ce que c'est? je ne vous connais pas!
LOISEAU.
Oh! je n'ai pas de peine à te croire, petit libertin... Eh bien! apprends que c'est à Loiseau même que tu parles?
MAHOMET.
A Loiseau, accoucheur... tirez la sonnette...
Mme LOISEAU.
Parlez, militaire. Où avez-vous pris ce pantalon?..
MAHOMET.
Je ne l'ai pas pris... au contraire.
LOISEAU.
Tu en as menti!..
Mme LOISEAU.
Laissez-le parler... la vérité va luire.
LOISEAU.

Ne faites donc pas de signes à monsieur, madame, je vous en prie ; toute connivence devient inutile.

MAHOMET.

Ah ça !... bourgeois...

LOISEAU.

Vous êtes un misérable !

Mme LOISEAU.

Quoi ?

LOISEAU.

Vous êtes deux misérables !

ANNETTE.

Monsieur...

LOISEAU.

Vous êtes trois misérables !...

MAHOMET.

Mais...

LOISEAU.

Ne me réplique pas, ou, dans ma fureur, je suis capable de te broyer !

(Il le prend au collet.)

Mme LOISEAU.

Oh ! mon Dieu ! ils vont se lacérer comme deux léopards... Ah ! je n'y survivrai pas...

(Elle tombe sur un fauteuil.)

ANNETTE.

Monsieur... madame se trouve mal.

LOISEAU.

Laisse-la faire... A nous deux maintenant, vil séducteur !

ANNETTE, *à part*.

Et ne pouvoir rien dire...

LOISEAU.

Tu vas me faire un aveu complet de ce qui s'est passé...

MAHOMET, *criant*.

J'ai pas le temps; on m'attend au corps-de-garde; rendez-moi mon pantalon...

LOISEAU.

Tu l'avoues donc, sans cœur?..

MAHOMET.

Non seulement je l'avoue, mais encore je le réclame.

LOISEAU.

Ah! oui... eh bien! tu iras le demander au greffier du tribunal, vaurien...

MAHOMET.

Au greffier?

LOISEAU.

C'est une pièce de conviction.

MAHOMET.

Ah ça! mamzelle Annette...

LOISEAU.

Il connaît ma bonne; autre pièce de conviction...

MAHOMET.

Ecoutez, bourgeois... je savais pas que c'était pour vous, moi, je croyais que c'était pour rendre service à Gouju.

LOISEAU.

Gouju, qu'est-ce que c'est que ça?

MAHOMET.

Vous savez bien... Gouju... un casque en cuir?..

LOISEAU.

Cet homme a bu... vous avez bu, malheureux...

MAHOMET, *en colère.*

Ah! c'est pas tout ça... je ne veux pas aller à la salle de police pour vos beaux yeux... rendez-moi mon pantalon, ici, tout de suite.

LOISEAU, *à part.*

J'y pense; lui-même me servira de pièce de conviction...

MAHOMET.

Allons, changeons...

LOISEAU.

Je vais te faire changer... (*Il cherche à le pousser dans le cabinet où est Gouju.*) Annette, Annette, allez chercher le commissaire.

ANNETTE.

Mais...

LOISEAU.

Qu'il se fasse suivre de la force armée... allez.

Mᵐᵉ LOISEAU, *se relevant.*

La force armée... le commissaire... quel scandale!..

GOUJU, *sortant du cabinet, le sabre nu.*

Arrêtez!..

LOISEAU.

Que vois-je?... ils étaient deux... ma vue se trouble... j'y vois garance..

SCÈNE XVI.

LOISEAU, Mᵐᵉ LOISEAU, GOUJU, ANNETTE, MAHOMET.

TOUS.

Air : *Ah! quel événement* (les Duels).

Ah! grand Dieu! c'est vraiment
Une aventure inconcevable.
Le diable assurément
Était dans cet appartement.
Je le dis sur l'honneur,
Oui, c'est un tour abominable!
De surprise et de peur
Je sens encor battre mon cœur.

LOISEAU.

Comment, ils étaient deux?
Expliquez-vous enfin, madame?

ANNETTE.

C'est moi seule en ces lieux

Qui suis coupable.
Mme LOISEAU.

Ah! c'est heureux.

LOISEAU, *à Gouju.*

Et vous?

GOUJU.

Cette nuit, sans façon,
J'étais v'nu voir ma petit' femme.

LOISEAU.

Mais à qui c' pantalon?

GOUJU.

C'est l' mien, d'mandez à ce garçon.

TOUS.

Ah! Grand Dieu! c'est vraiment, etc.

LOISEAU, *à sa femme.*

Maintenant, me pardonnerez-vous mes soupçons, ma chaste colombe?

Mme LOISEAU.

Et vous, me pardonnerez-vous les miens?

LOISEAU.

Tu m'aimes donc encore?

Mme LOISEAU.

Ah! je serai toujours la colombe de Loiseau.

GOUJU, *bas.*

Dis donc, Mahomet... des soupçons avec des têtes pareilles... ils sont bons là, les Loiseau!..

ANNETTE, *à Mahomet.*

Qu'est-ce qu'il dit?..

GOUJU.

Ça ne te regarde pas, Annette; tu n'es pas du même sexe que ta bourgeoise.

MAHOMET, *à Loiseau.*

Ah ça! l'ancien, il ne faut donc plus que j'aille chercher mon pantalon chez le tribunal?

LOISEAU.

Ne parlons plus de ça; je vous rends mon estime, et je vais vous en donner une preuve éclatante... (*Saisissant la main de Gouju et celle de Mahomet.*) Vive la ligne!..

MAHOMET et GOUJU.

Vive la garde nationale!

ANNETTE.

Tout va bien; le bourgeois fraternise avec le militaire...

CHOEUR.

Air *de l'If de Croissey.*

Allons, plus de querelles,
Plus de soupçons jaloux;
Désormais pour nos belles
Soyons de bons époux.

LOISEAU, *au public.*

Air *de la Colonne.*

Messieurs, il me reste un scrupule;
Veuillez me dire, sans façon,
Si je pourrais, sans trop de ridicule,
Garder sur moi ce pantalon...
Me trouvez-vous bien dans ce pantalon?
Dans mon ménage il a mis la discorde.
A le garder pourtant je suis tout prêt:
Dites un mot; et, si cela vous plaît,
Je l'userai jusqu'à la corde.

FIN.

EN VENTE :

- Jeune fille et roi,
- Tiburce,
- Le Lycéen,
- Les Parens de l'héritage,
- Fanchette,
- La Résurrection St-Ant.
- Crime et mystère,
- Rimbaut,
- Venise au sixième étage,
- M. Dasnière,
- Le Fils du Bravo,
- L'Ennemi intime,
- Les Bédouins à la barrière
- Les Badouillards,
- Actéon,
- L'Homme à femmes,
- Je suis fou;
- Les Femmes d'emprunt,
- L'Habitant de la lune,
- Femme tombée du Ciel,
- Bouffon d'Aigues-Mortes,
- L'Empereur et le Soldat,
- Le Hottentot,
- Proscrit chez Voltaire,
- La Fille du Danube,
- Histoire de 2 Grisettes,
- Les deux Cauchoises,
- Une Fascination,
- Dolorida,
- Le Fils aîné d'une Veuve,
- Casque en cuir,
- Feu mon frère,
- Le ménage de Titi,

COLLECTION COMPLÈTE

DU

MAGASIN THÉÂTRAL,

au 1er novembre 1846,

14 volumes in-8° à deux colonnes, prix : 80 fr.

Contraste insuffisant
NF Z 43-120-14